• 도움 주신 전국 유치원·어린이집

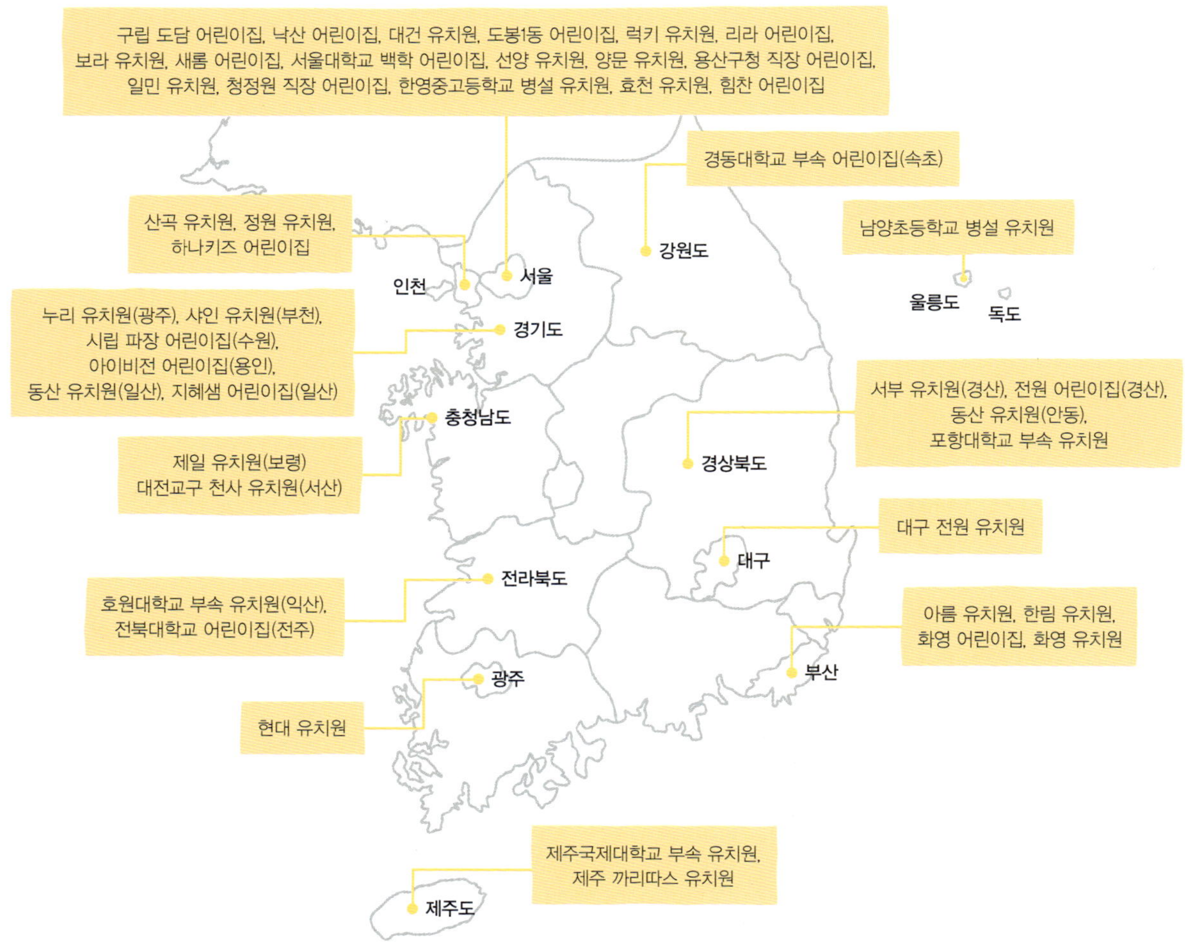


• 도움 주신 전국 유치원·어린이집 선생님들께 진심으로 감사 드립니다.

# 최신 누리과정에 맞춘 유치원 인기동요 Best 50

초판 1쇄 발행 2014년 3월 5일 | 초판 18쇄 발행 2025년 3월 31일 | 그림 박수지, 박지은, 오정택, 조은희, 최나미
발행인 이봉주 | 콘텐츠개발본부장 안경숙 | 편집인 이화정 | 책임편집 최순영 | 편집 박은희 | 디자인 솔트앤페퍼 | 음악 녹음 대웅에듀미디어, 사운드웍스
마케팅 정지운, 박현아, 원숙영, 김지윤, 황지영 | 제작 신홍섭
펴낸곳 (주)웅진씽크빅 | 주소 경기도 파주시 회동길 20 (우)10881
문의전화 031)956-7540(편집), 031)956-7569, 7570(마케팅)
홈페이지 www.wjjunior.co.kr | 블로그 blog.naver.com/wj_junior | 트위터 @new_wjjr | 인스타그램 @woongjin_junior
출판신고 1980년 3월 29일 제 406-2007-00046호 | 제조국 대한민국 | 사용연령 4세 이상 | ISBN 978-89-01-16310-9

웅진주니어는 (주)웅진씽크빅의 유아·아동·청소년 도서 브랜드입니다.

• 이 책에 실린 노래는 한국음악저작권협회의 승인을 받았습니다. 노래의 일부는 저작권자와 연락이 닿지 않아 허락을 받지 못했습니다. 책을 보신 저작권자께서는 웅진주니어 출판사로 연락하여 주시기 바랍니다.

이 책은 저작권법에 따라 보호받는 저작물이므로 무단 전재와 무단 복제를 금지하며, 이 책 내용의 전부 또는 일부를 이용하려면 반드시 저작권자와 (주)웅진씽크빅의 서면동의를 받아야 합니다.

잘못 만들어진 책은 바꾸어 드립니다.
※주의 1_책 모서리가 날카로워 다칠 수 있으니 사람을 향해 던지거나 떨어뜨리지 마십시오. 2_보관 시 직사광선이나 습기 찬 곳은 피해 주십시오.

최신 누리과정에 맞춘

# 유치원 인기동요

Best 50

전국 유치원 선생님들이 직접 뽑고,

박수지, 박지은, 오정택, 조은희, 최나미 그림

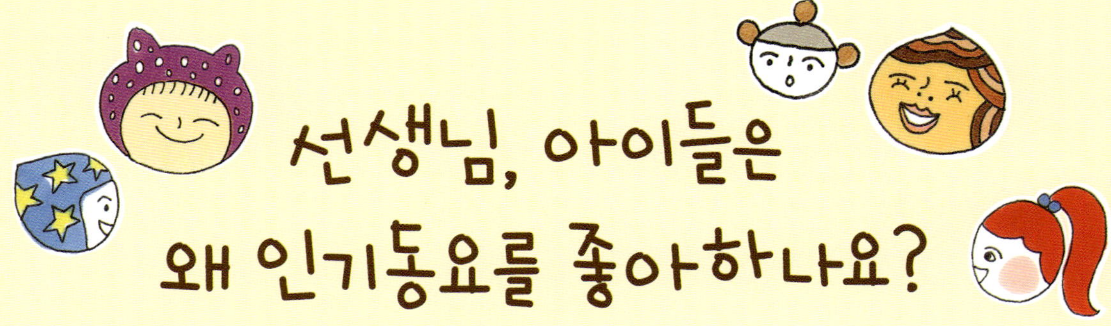


유치원과 어린이집에 다니는 아이들이 정말 좋아하고 즐겨 부르는 동요는 무엇일까요?
서울, 인천, 경기, 강원, 대구, 부산, 경상, 충청, 광주, 전라, 제주까지,
전국에 계신 유치원 · 어린이집 선생님께 직접 물었습니다.

## 선생님, 어떤 기준으로 인기동요를 뽑으셨나요?

아이들도 어른처럼 자신만의 기호가 있습니다. "오늘은 어떤 동요를 부를까요?"라고 물어보면 "이거 불러 주세요.",
"이 노래 부를래요."라며 의사 표현을 하지요. 이 책에 담긴 인기동요는 우리 유치원에 다니는 아이들이
가장 좋아하고 즐겨 부르는 노래들입니다.

－서울 럭키 유치원 김은경 선생님－

책에 담긴 동요 51곡은 유치원생이라면 누구나 쉽게 따라 부를 수 있는 노래입니다. 아이들이 호기심을 갖고,
쉽고 재미있게 배울 수 있는 곡들이지요. 대체로 선명한 리듬에 단순한 멜로디, 반복적이면서 재미있는 가사로
구성되어 있습니다. 대표 인기동요로 뽑힌 '아기 다람쥐 또미', '참 좋은 말', '멋쟁이 토마토'가 바로 그런 동요입니다.

－광주 누리 유치원 이순옥 선생님－

## 선생님, 이 책에 수록된 동요가 아이들에게 왜 인기 있을까요?

아이들이 좋아하는 동요에도 다 이유가 있습니다. 먼저 아이들이 호기심을 갖고 친숙하게 다가갈 수 있는 '소재'에
그 이유가 있지요. 아이들은 자기 주변에서 흔히 볼 수 있거나 경험할 수 있는 소재를 다룬 동요에 특히 더
친밀감을 느끼고, 감정 이입을 합니다. 그래서 이 책에 꼽힌 인기동요 소재의 대부분이 동식물, 자연, 가족,
먹거리 등과 관련 있습니다. 아이들의 입장에서 아이의 생각이나 느낌을 노랫말로 담아 노래로 즐겁게 부를 수
있는 소재이기 때문이지요.

－수원 시립 파장 어린이집 장민정 선생님－

아이들은 자신이 부르는 동요의 노랫말을 이해하고 따라 부릅니다. 그래서 노랫말이 재미있고 아름다우면 우선
흥미를 느끼고 좋아하게 되지요. 언어를 잘 구사할 수 있는 5~7세가 되면 특히 아름답고 예쁜 노랫말을 가진
동요를 좋아합니다. '들꽃 이야기'나 '도라지꽃'의 경우가 그렇습니다. 이 외에도 아이들에게 인기 있는 동요
대부분은 누구나 쉽게 따라 부를 수 있다는 장점이 있습니다.

－서울 낙산 어린이집 안윤미 선생님－

## 선생님, 동요가 유치원 교육에서 중요한 이유는 무엇일까요?

유치원에서 아이들에게 동요를 가르치는 가장 큰 이유는 동요가 아이들을 '즐겁게' 해 준다는 데 있습니다.
노래를 부르며 발산하는 긍정적인 에너지가 아이들이 유치원에서 즐겁고 행복한 시간을 보낼 수 있도록
도와줍니다.

―서울 일민 유치원 김희경 선생님―

아이들이 다양한 동요를 배우고, 듣고, 부르는 것은 여러 발달 영역에 도움이 됩니다. 누리과정의 5개 영역인
신체운동 · 건강, 의사소통, 사회관계, 예술경험, 자연탐구 모두와 연계해서 학습할 수 있는 것이 동요이지요.
동요는 누리과정의 각 영역과 주제별 학습을 연계하여 놀이를 통한 학습을 가능하게 합니다.

―인천 산곡 유치원 정인숙 선생님―

동요는 단순히 감상하는 것만으로도 정서적으로 풍부한 경험을 할 수 있고, 아이의 감성과 상상력을 길러 줍니다.
친구들과 함께 노래를 부르고, 합창을 통해 화음을 맞춰 가면서 자연스럽게 협동성과 사회성도 발달시켜 주지요.
또한 아이들은 동요의 가사를 통해서 우리말을 배웁니다. 아이가 동요를 즐겨 부를수록 목소리를 내는
기회가 많아져 자연스럽게 언어가 발달하지요. 노래를 부르며 자기 목소리를 내기 때문에
자신감도 함께 길러 주게 됩니다.

―고양 동산 유치원 양희수 원장님―

## 선생님, 유치원에서는 어떤 동요를, 어떤 상황에서 들려주나요?

우리 어린이집에서는 누리과정과 연계해 각각의 생활 주제와 관련된 동요를 일주일에 1~2곡씩 배웁니다.
음률 활동 시간을 이용해 새로운 동요를 배우기도 하고, 계획된 생활 주제에 맞는 동요를 배우기도 합니다.
아이들은 동요를 통해 학습 주제를 보다 잘 이해하고 노래를 부르며 즐겁게 공부할 수 있습니다.

―용인 아이비전 어린이집 이점자 원장님―

동요는 아이들의 관심과 흥미를 유발시켜 집중할 수 있게 합니다. 그래서 수업 시간 외에도 등원 시간,
놀이 정리 시간, 다음 수업 진행 전 잠깐 남는 시간, 귀가 전 시간을 활용해서 동요를 함께 부르고 있습니다.
자투리 시간에는 대체로 아이들이 부르고 싶어 하는 동요를 함께 부릅니다. 아이들은 좋아하는 동요를 부르면서
더욱 신 나게 기타 활동을 합니다.

―일산 지혜샘 어린이집 신명선 원장님―

## 선생님, 어떤 동요가 좋은 동요라고 생각하시나요?

동요를 부르는 아이들의 관점에서 만들어진 동요가 가장 좋다고 생각합니다. 유치원 연령의 아이들은 음악에 대한
동기가 강하고, 음악을 통해서 내면의 감정과 느낌, 욕구를 자연스럽게 표현할 수 있습니다. 아이가 자연스럽게
자신의 감정을 표출하며 즐거움을 느낄 수 있도록 아이의 관점에서 감정 이입할 수 있는 동요가 좋은 동요입니다.

―인천 정원 유치원 박진영 선생님―

아이의 연령과 발달 상황에 맞는 동요라면 모두 좋은 동요가 될 수 있습니다. 예를 들어 만 3세 아이들 같은 경우
쉽고 반복적인 가사에 신 나는 리듬으로 구성된 '씨앗', '통통통통', '봄비' 같은 곡을 특히 좋아합니다. 이 시기의
아이들은 반복적인 말놀이를 통해 언어 능력을 향상시킬 수 있기 때문에 연령에 적합한 동요라고 할 수 있지요.

―경산 전원 어린이집 윤미선 선생님―

# 차례

# 누리과정의 11가지 생활 주제를 동요와 함께 배워요!

그림책 상단의 누리과정 아이콘을 확인하세요!

유치원에 대해 알아보고 유치원에서 즐겁게 생활하는 방법을 배워요!

소중한 나에 대해 알고 행복한 우리 집과 가족의 생활을 함께 배워요!

내가 살고 있는 우리 동네의 모습과 생활, 전통과 문화를 배워요!

궁금했던 동식물에 대해 살펴보고 자연과 더불어 살아가는 방법을 배워요!

즐겁고 안전하게 놀이하고 건강하게 자라는 방법을 배워요!

평소에 우리가 자주 사용하는 다양한 생활 도구에 대해 배워요!

고마운 교통 기관에 대해 알아보고 안전하게 이용하는 방법을 배워요!

우리나라 사람들의 생활과 놀이, 예술, 역사, 자랑거리에 대해 배워요!

세계 여러 나라의 문화유산과 자연, 사회 현상을 배워요!

물, 돌, 흙, 바람, 공기, 빛, 소리 등 환경과 관련된 우리 생활을 배워요!

사계절과 날씨가 어떻게 변하는지 살펴보고 자연의 변화를 배워요!

# 유치원에 갑니다

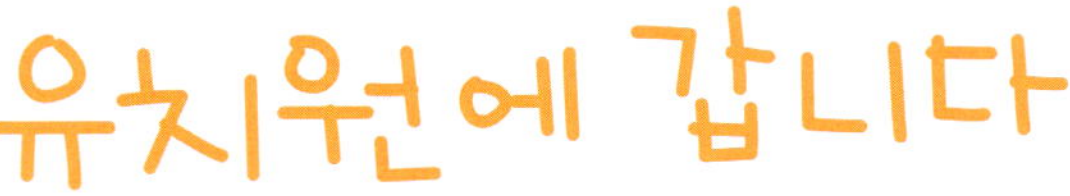

**쨍 쨍** 쨍 쨍 **쨍쨍**쨍 쨍～쨍 **해**가 떴어요
어디 가세요
나는 **유치원**에 갑니다

**죽 죽** 죽 죽 **죽죽**죽 죽～죽 **비**가 오는데
어디 가세요
나는 **유치원**에 갑니다

**쌩 쌩** 쌩 쌩 **쌩쌩**쌩 쌩～쌩 **바람** 부는데
어디 가세요
나는 **유치원**에 갑니다

**펑 펑** 펑 펑 **펑펑**펑 펑～펑 **눈**이 오는데
어디 가세요
나는 **유치원**에 갑니다

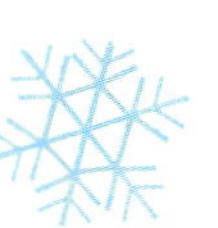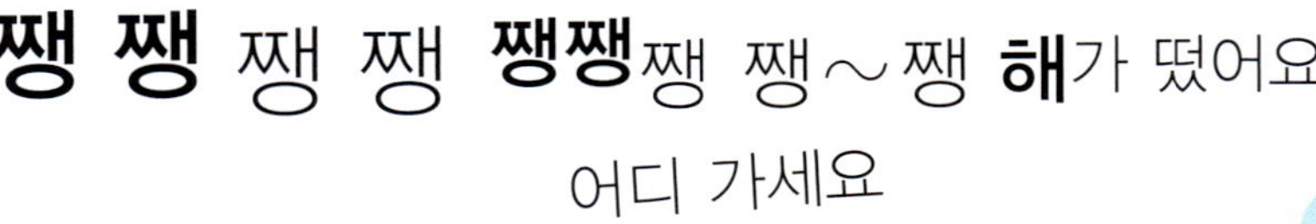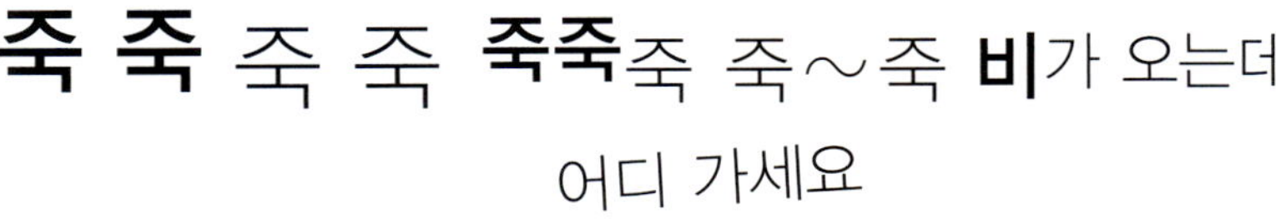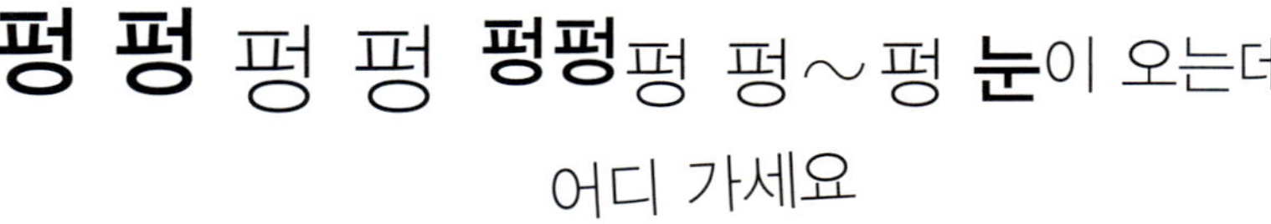

01
몸도 튼튼
마음도 튼튼한
힘찬반

# 미소

성난 얼굴 찡그린 얼굴
싫어요 싫어요 싫어요
웃는 얼굴 밝은 얼굴
좋아요 좋아요 좋아요 정말 좋아요
언제나 어디서나 미소를 지어 보세요
언제나 어디서나 미소를 지어 보세요

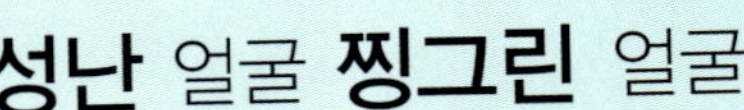

# 멋쟁이 토마토

**울퉁**불퉁 멋진 몸매에 빠알간 옷을 입고
**새콤**달콤 향기 풍기는 멋쟁이 토마토 **토마토**
나는야 주스 될 거야 꿀꺽!
나는야 케첩 될 거야 찍—
나는야 춤을 출 거야 헤이!
뽐내는 토마토 **토마토**

# 그러면 안 돼

아이스크림 맛이 있어서

**하나** 먹고 **둘** 먹고 **또** 먹었더니

**뿌루루루룩 뿌루루루룩 뿌룩-뿌룩-** 배가 아파요

어지러웠죠 골치 아팠죠 병원에 갔죠 주사 맞았죠

그런데 내 동생들이 **하나** 먹고 **둘** 먹고 **또** 먹겠대요

그러면 **안 돼** 그러면 **안 돼** 떽! 떽! **떽!**

나와가족
봄 여름 가을 겨울
Track 05

# 괜찮아요

바람 불어도 **괜찮아요** **괜찮아요** 괜찮아요

**쌩쌩** 불어도 괜찮아요 **난** 난 난 나는 괜찮아요

**털 오버** 때문도 아니죠 **털장갑** 때문도 아니죠

**씩씩**하니까 괜찮아요

**난** 난 난 나는 괜찮아요

♬ 2절이 이어집니다.

11

# 이렇게 살아가래요

**나비** 등을 타고 **꽃밭**에 갔더니
내게 **꽃**처럼 살아가래요
**산새** 등을 타고 **숲 속**에 갔더니
내게 **산**처럼 살아가래요
그윽한 **향기** 뿌리고 방긋이 **웃음** 띠우며
무겁게 앉아 멀리 바라보고 푸르게 살아가래요

**나비** 등을 타고 **꽃밭**에 갔더니
내게 **꽃**처럼 살아가래요
**산새** 등을 타고 **숲 속**에 갔더니
내게 **산**처럼 살아가래요

**랄**라라라 **랄**라 **랄**라라라 **랄**라
**랄**라 **랄**라라 **랄**라라라라

♫ 2절이 이어집니다.

# 싹트네

**싹트네** 싹터요 내 마음에 **사랑이**

**싹트네** 싹터요 내 마음에 **사랑이**

밀려오는 파도처럼 내 마음에 **사랑이**

**싹트네** 싹터요 내 마음에 **사랑이**

♬ 2절이 이어집니다.

Track 08  나와 가족

'넌 할 수 있어'라고
말해 주세요

'넌 할 수 있어'라고 말해 주세요
그럼 우리는 무엇이든 할 수 있지요
짜증 나고 힘든 일도 신 나게 할 수 있는
꿈이 크고 고운 마음이 자라는
따뜻한 말 넌 할 수 있어!
큰 꿈이 열리는 나무가 될래요
더없이 소중한 꿈을 이룰 거예요
넌 할 수 있어

# 02 종알종알 말놀이하는 슬기로운 반

# 통통통통

**통**통**통**통 털보 영감님 **통**통통통 혹부리 영감님

**통**통통통 코주부 영감님 **통**통통통 안경 영감님

**통**통**통**통 손을 위로

**팔**랑**팔**랑 **팔**랑팔랑 손을 무릎에


**도**도도도 무릎입니다 **레**레레레 배꼽입니다

**미**미미미 가슴입니다 **파**파파파 어깨랍니다

**솔**솔**솔**솔 머리랍니다

**팔**랑**팔**랑 **팔**랑**팔**랑 손을 무릎에

동식물과 자연
봄 여름 가을 겨울
Track 10

씨앗

씨 씨 씨를 뿌리고 꼭 꼭 물을 주었죠
하룻밤 이틀 밤 쉿! 쉿! 쉿!
뽀드득 뽀드득 뽀드득 싹이 났어요

싹 싹 싹이 났어요 또 또 물을 주었죠
하룻밤 이틀 밤 어! 어! 어!
뽀로롱 뽀로롱 뽀로롱 꽃이 폈어요

# 아기 콩

**쏙** 피어나 **쑥** 자라서 **짠** 열리는 아기 콩이
**똑** 떨어져 **쿡** 심어져 열매가 **또** 열려요

목마른 아기 콩 물을 주고 흙 이불 덮어 주면

예쁘게 곱게 자라나서 착한 아이처럼 칭찬 받네

**쏙** 피어나 **쑥** 자라서 **짠** 열리는 아기 콩이
**똑** 떨어져 **쿡** 심어져 열매가 **또** 열려요

# 봄비

유리창에 예쁜 은구슬
**또로**로로롱 **또로**로로롱
**떼굴**떼굴 굴러 어디로 갈까? 예쁜 은구슬
**떼굴** 떼굴 **떼굴** 또로롱
**떼굴** 떼굴 **떼굴** 또로로로롱

19

# 병원 차와 소방차

하얀 **자동차**가 **삐뽀** 삐뽀
내가 먼저 가야 해요 **삐뽀** 삐뽀
아픈 사람 탔으니까 **삐뽀** 삐뽀

병원으로 가야 해요 **삐뽀 삐뽀 삐**

빨간 **자동차**가 **애앵** 애앵
내가 먼저 가야 해요 **애앵** 애앵
불났어요 불났어요 **애앵** 애앵

불을 끄러 가야 해요 **애애애애앵**

# 수박 파티

**커다란 수박** 하나 잘 익었나 **통통통**

단숨에 쪼개니 속이 보이네

몇 번 더 쪼갠 후에 너도나도 들고서

우리 모두 하모니카 신 나게 불어요

쭉**쭉**쭉쭉**쭉** 쓱쓱**쓱쓱쓱** 싹**싹**싹**싹싹** 쭉쭉쓱쓱싹

쭉**쭉**쭉쭉**쭉** 쓱쓱**쓱쓱쓱** 싹**싹**싹**싹싹** 쭉쭉쓱쓱싹

# 겨울바람

손이 시려워 **꽁** 발이 시려워 **꽁**

겨울바람 때문에 **꽁꽁꽁**

손이 꽁꽁꽁 **꽁** 발이 꽁꽁꽁 **꽁**

겨울바람 때문에 **꽁꽁꽁**

어디서 이 바람이 시작됐는지

산 너머인지 바다 건넌지

너무너무 얄미워

손이 시려워 꽁 발이 시려워 꽁
겨울바람 때문에 꽁꽁꽁
손이 꽁꽁꽁 꽁 발이 꽁꽁꽁 꽁
겨울바람 때문에 꽁꽁꽁

# 간다 간다

간다 간다 **간다** 간다 **골목길로** 간다 간다 **간다** 간다 **넓은 길로**

간다 간다 **간다** 간다 **뛰뛰빵빵** 랄라라라 **자동차**

간다 간다 **간다** 간다 **지붕 위로** 간다 간다 **간다** 간다 **구름 위로**

간다 간다 **간다** 간다 **하늘 높이** 랄라라라 **비행기**

간다 간다 **간다** 간다 **산을 넘어** 간다 간다 **간다** 간다 **강을 건너**

간다 간다 **간다** 간다 **굴을 지나** 랄라라라

기〰〰〰〰〰차!

03
오리고
그리며 노는
즐거운반

# 유리 공주와 마귀할멈

도깨비와 마귀할멈 유리 성을 찾아와

**유리 공주** 마술 걸어 몰래 데려갔대요

그때 멋진 **왕자님** 말을 타고 달려와

도깨비와 **마귀할멈** 용감하게 이기고

**공주님**과 **결혼**해서 **행복**하게 살았대

# 솜사탕

나뭇가지에 실처럼 날아든 **솜사탕**

하얀 눈처럼 희고도 **깨끗한 솜사탕**

엄마 손잡고 나들이 갈 때 **먹어 본 솜사탕**

**훅**～훅～ 불면은 구멍이 뚫리는

커다란 **솜사탕**

# 예쁜 아기 곰

동그란 눈에 까만 작은 **코**
하얀 털옷을 입은 **예쁜 아기 곰**

언제나 너를 바라보면서 작은 소망 얘기하지

너의 곁에 있으면 **나는 행복해**

어떤 비밀이라도 말할 수 있어

까만 작은 코에 입을 맞추면

수줍어 얼굴을 붉히는
**예쁜 아기 곰**

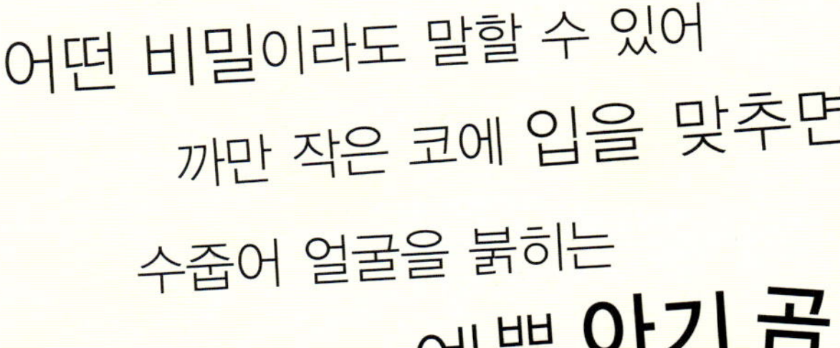

# 종이접기

색종이를 곱게 접어서 **물감**으로 예쁘게 색칠하고

알록달록 오색실 꼬리 달아 **비행기**를 만들자

솔솔 바람 부는 뒷동산에 동네 친구 모두 모여서

파란 하늘 향해 날리면 **새처럼 날아**간다 하늘 끝까지 높이높이

**높이** 더 **높이**

♬ 2절이 이어집니다.

Track 21 나와 가족 세계 여러 나라

# 피노키오

꼭두각시 인형 **피노키오** 나는 네가 좋구나
파란 머리 천사 만날 때는 나도 데려가 주렴
**피아노** 치고 **미술**도 하고 **영어**도 하면 바쁜데
너는 언제나 공부를 하니 말썽쟁이 **피노키오**야
우리 아빠 꿈속에 오늘 밤에 나타나
내 얘기 좀 잘해 줄 수 없겠니
먹고 싶은 것이랑 놀고 싶은 것이랑
모두 모두 할 수 있게 해 줄래

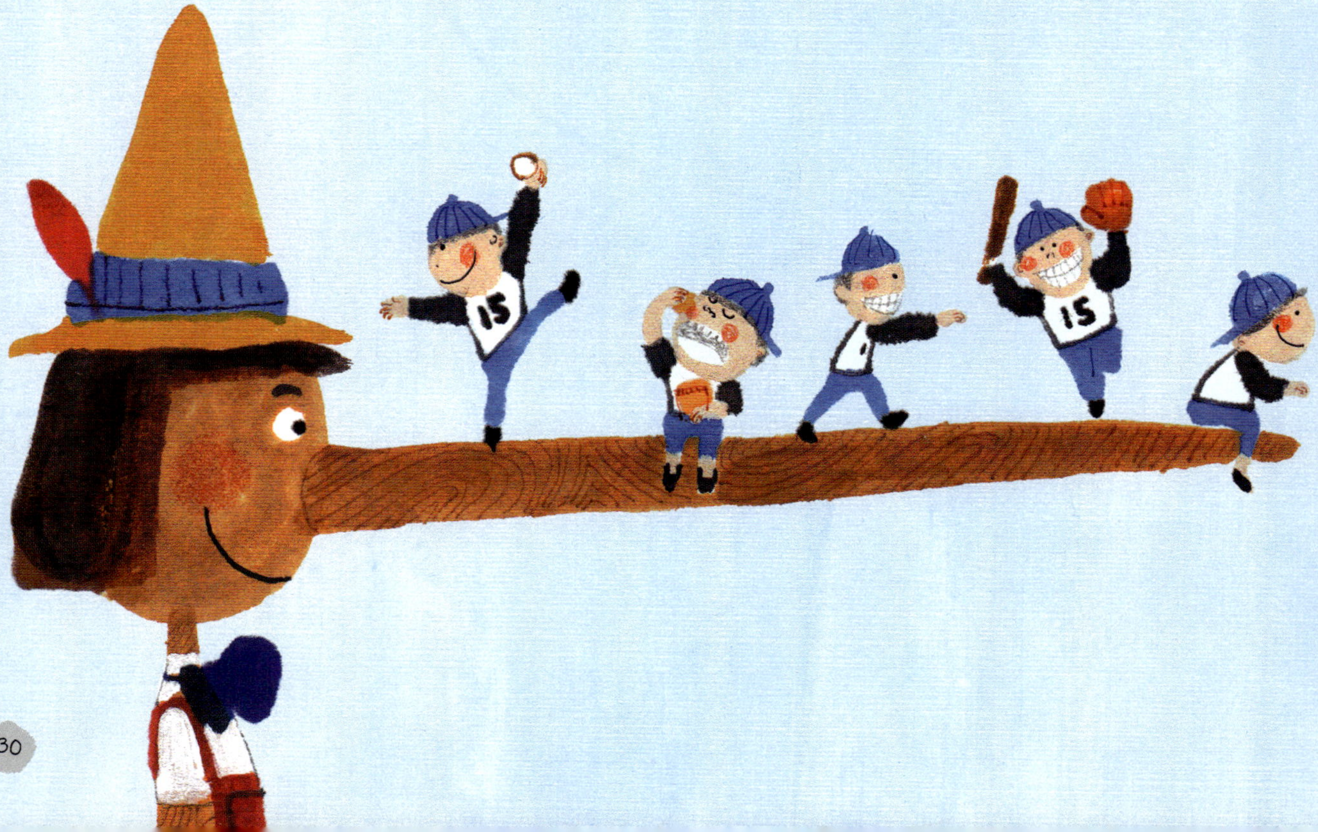

# 그림 그리고 싶은 날

하얀 종이 위에다 **아빠 얼굴** 그려 보고

하얀 종이 위에다 **엄마 얼굴** 그려 보네

나를 위해 고생하신 부모님의 깊은 사랑

**그림 그리고 싶은 날** 제일 먼저 그려 봅니다

**그림 그리고 싶은 날** 제일 먼저 그려 봅니다

♬ 2절이 이어집니다.

# 잉잉잉

고추밭에 **고추**는 **뾰족**한 고추
빨간 고추 초록 고추 모두 뾰족해
댕글댕글 **사과**가 놀러 왔다가
**아야아**야 따가워서 **잉잉잉**

오이밭에 **오이**는 **날씬**한 오이
이리 봐도 저리 봐도 날씬한데
둥글둥글 **호박**이 놀러 왔다가
나는 언제 예뻐지나 **잉잉잉**

04
아기 동물과
친구하는
사랑스러운반

# 개구리

**개굴**개굴 개구리
　**노래**를 한다
아들 손자 며느리
　다 모여서
밤새도록 하여도
　듣는 이 없네
듣는 사람 없어도
　날이 밝도록
**개굴**개굴 개구리
　**노래**를 한다
**개굴**개굴 개구리
　**목청**도 좋다

# 아기 다람쥐 또미

**쪼**로로롱 산새가 노래하는 숲 속에
예쁜 **아기 다람쥐**가 살고 있었어요
울창한 숲 속 푸른 나무 위에서
아기 다람쥐 **또미**가 살고 있었어요
야호 랄라 노래 부르자 야호 숲 속의 아침을
야호 트랄라 귀여운 **아기 다람쥐 또미**

# 악어 떼

정글 숲을 지나서 가자 **엉금**엉금 기어서 가자

**늪지대**가 나타나면은 **악어 떼**가 나올라

# 악어 떼!

# 곰 세 마리

곰 세 마리가 한집에 있어
아빠 곰 엄마 곰 애기 곰
아빠 곰은 뚱뚱해
엄마 곰은 날씬해
애기 곰은 너무 귀여워
히쭉 히쭉 잘한다

# 아기 염소

파란 하늘 파란 하늘 꿈이 드리운 푸른 언덕에

아기 염소 여럿이 풀을 뜯고 놀아요 해처럼 밝은 얼굴로

빗방울이 뚝뚝뚝뚝 떨어지는 날에는 잔뜩 찡그린 얼굴로

엄마 찾아 음매 아빠 찾아 음매 울상을 짓다가

해가 반짝 곱게 피어나면 너무나 기다렸나 봐

폴짝폴짝 콩콩콩

흔들흔들 콩콩콩

신 나는 아기 염소들

동식물과 자연
봄 여름 가을 겨울
Track 29

꿀벌의 여행

윙윙 거칠고 험한 산을 날아가지요
윙윙 머나먼 나라까지 꽃을 찾아서
윙윙 조그만 날개 고단하여 너무 지쳤지마는
쉬지 않고 날아가지요
윙윙 거칠고 험한 산을 날아가지요
윙윙 머나먼 나라까지 꽃을 찾아서
야! 야! 야!

39

# 작은 동물원

삐악삐악 **병아리**

음매음매 **송아지**

따당따당 **사냥꾼**

뒤뚱뒤뚱 **물오리**

푸~ 푸~ **개구리**

찌게 찌게 찌게 **가재**

푸르르르르르르 물풀

## 소라!

# 올챙이와 개구리

개울가에 **올챙이** 한 마리 **꼬물꼬물** 헤엄치다
뒷다리가 **쑥** 앞다리가 **쑥**
**팔**딱**팔**딱 개구리 됐네

**꼬물꼬물 꼬물꼬물 꼬물꼬물** 올챙이가
뒷다리가 **쑥** 앞다리가 **쑥**
**팔**딱**팔**딱 개구리 됐네

# 동물 농장

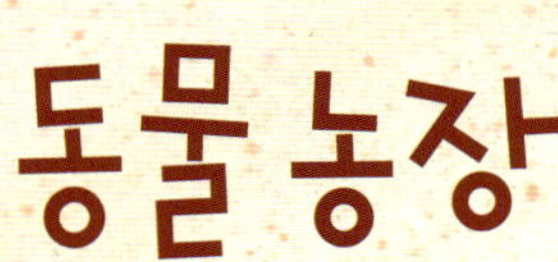

닭장 속에는 **암탉**이 (꼬꼬댁) 문간 옆에는 **거위**가 (꽥꽥꽥)

배나무 밑엔 **염소가** (음메~) 외양간에는 **송아지** (음매~)

닭장 속에는 **암탉**들이  문간 옆에는 **거위**들이

배나무 밑엔 **염소**들이 외양간에는 **송아지**

**오**히야**하**~  오~

**오**히야**하**~  오~

♬ 2절이 이어집니다.

05
자연에서
뛰노는
신 나는반

# 나무를 심자

**산**하고 **하늘**하고 누가 누가 더 푸른가

**산**하고 **하늘**하고 누가 누가 더 푸른가

내기 해 봐라 내기 해 봐라

**나무**를 심어 줄게 **나무**를 심어 줄게

**산아** 산아 **이겨라** 좀 더 **파래**라

**욜**로레이~ 욜로레이~ 욜**로**레이~ 리 욜로레이~

**욜**로레이~ 욜로레이~ 욜**로**레이~ 리 욜로레이~

♬ 2절이 이어집니다.

# 싱그러운 여름

햇빛 **쨍**쨍 여름 오후 장난꾸러기들

맑고 푸른 냇가에서 **물**장구를 치네

송사리 잡으러 **살금** 다가서니

꼬리를 **살**랑 흔들며 **멀리** 달아나네

할아버지 원두막에 **참외** 익어 가는

**싱그**러운 **여름날**이 정말 **즐거워요**

# 노을

바람이 머물다 간 들판에 **모락모락** 피어나는 저녁 연기
색동옷 갈아입은 **가을** 언덕에
빨갛게 **노을**이 타고 있어요
허수아비 팔 벌려 웃음 짓고 초가지붕 둥근 박 꿈꿀 때
고개 숙인 논밭의 열매 노랗게 익어만 가는

가을바람 머물다 간 들판에 **모락모락** 피어나는 저녁 연기
색동옷 갈아입은 **가을** 언덕에
붉게 물들어 타는 저녁놀

# 멋진 눈사람

눈을 굴려서 눈을 굴려서 눈사람을 만들자
눈을 굴려서 눈을 굴려서 눈사람을 만들자
눈썹 눈 코 입 예쁜 얼굴이 됐네
모자 안경 외투 장갑 멋진 눈사람이 됐네

# 도라지꽃

보라색 고운 꽃 도라지꽃 **아기별**이 잠시 내려와

나비와 친구 되어 뿌리 내린 예쁜 도라지꽃

작은 꿀벌 찾아와 얘기 나누고 **꽃나라 요정**들이 미소 짓지요

보라색 고운 꽃 도라지꽃 **친구 별**이 그리워져서

아침이 올 때면 은빛 이슬 맺혀 있대요

# 숲 속 풍경

**아침 햇살** 곱게 내리면 들려오는 맑은 **물**소리

**산새**들도 노래하며 하늘 높이 날아요

잠꾸러기 **아기 다람쥐** 세수하러 내려오더니

**돌다리**를 건너가다 미끄럼 타요

저 시냇물 속에 작은 **송사리 떼**들

살짝 고개 내밀다 놀라 어느새 **풀잎**에 숨어요

행복한 **웃음**이 넘치는 **아름다운 세상** 담아서

**사랑**하는 **친구**에게 전해 주고 싶어라

50

# 네 잎 클로버

깊고 작은 산골짜기 사이로
맑은 물 흐르는 작은 샘터에
예쁜 꽃들 사이에 살짝 숨겨진
**이슬** 먹고 피어난 네 잎 **클로버**

랄라라 **한 잎** 랄라라 **두 잎**
랄라라 **세 잎** 랄라라 네 잎

행운을 가져다준다는 수줍은 얼굴의 **미소**
한줄기의 따스한 햇살 받으며
희망으로 가득한 **나의 친구**야
빛처럼 밝은 마음으로 **너**를 닮고 싶어

# 들꽃 이야기

깊은 산속에 **들꽃** 한 송이

**바람 타고** 날아와 외롭게 피어 있죠

**아기 다람쥐** 살짝 다가와

작은 꽃잎 흔들면서 인사하네요

햇살 내린 어느 날 **노랑나비** 한 마리

**하늘 하늘** 날아와서 저 산 너머 꽃동산에

그리운 **엄마 소식** 전해 주고 가네요

**예쁜 바람아** 살랑 불어와

나의 향기 엄마 곁에 전하여 주렴

# 숲 속을 걸어요

**숲 속**을 걸어요 산새들이 속삭이는 길

**숲 속**을 걸어요 꽃향기가 그윽한 길

해님도 쉬었다 가는 길 다람쥐가 **넘나드는 길**

정다운 얼굴로 우리 모두 **숲 속**을 걸어요

♬ 2절이 이어집니다.

# 오솔길

들을 지나 **숲**을 지나 **고개** 넘어 가는 길

들꽃들만 도란도란 새들만 **재잘** 재재잘

누가누가 오고 갈까 어떤 이야기 있나

뭉게구름 흘러가고 **바람**만 지나가는

**꼬불**꼬불 **오솔길** 마냥 걸어갑니다

꽃들과 얘기 나누며 새들과 함께 노래 부르며

**꼬불**꼬불 **오솔길** 마냥 걸어갑니다

구름과 바람 벗 삼아 휘파람 불며 불며

# 06 도란도란 함께 사는 정다운반

# 참 좋은 말

**사랑**해요 이 한마디 **참 좋은 말**
우리 **식구** 자고 나면 주고받는 말
**사랑**해요 이 한마디 **참 좋은 말**
**엄마 아빠** 일터 갈 때 주고받는 말
이 말이 좋아서 온종일 신이 나지요
이 말이 좋아서 온종일 일 맛 나지요
이 말이 좋아서 온종일 가슴이
**콩**닥**콩**닥인데요
**사랑**해요 이 한마디 **참 좋은 말**
나는 나는 **이 한마디**가 정말 좋아요
**사~랑** 사~랑해요

# 닮은 곳이 있대요

**엄마**하고 **나**하고 닮은 곳이 있대요

**엄마**하고 **나**하고 닮은 곳이 있대요

**눈** 땡! **코** 땡! **입**~ 딩동댕

**아빠**하고 **나**하고 닮은 곳이 있대요

**아빠**하고 **나**하고 닮은 곳이 있대요

**눈** 땡! **코** 땡! **입**~ 딩동댕

# 내가 제일 좋아하는 말

몇 천 번을 불러도 더 부르고 싶은 말

내가 **제일** 좋아하는 그런 말이 하나 있죠

**어머니**를 부를 때마다 다가선 어머니 얼굴

나에게 **사랑으로** 가르치시네

몇 천 번을 불러도 더 부르고 싶은 말

내가 **제일** 좋아하는 어머니 내 **어머니**

아빠 힘내세요

딩동댕 초인종 소리에 얼른 문을 열었더니
그토록 기다리던 아빠가 문 앞에 서 계셨죠
너무나 반가워 웃으며 아빠하고 불렀는데
어쩐지 오늘 아빠의 얼굴이 우울해 보이네요
무슨 일이 생겼나요 무슨 걱정이 있나요
마음대로 안 되는 일 오늘 있었나요
아빠 힘내세요 우리가 있잖아요
아빠 힘내세요 우리가 있어요
힘내세요
아빠!

# 얼굴 찌푸리지 말아요

**얼굴** 찌푸리지 말아요 모두가 힘들잖아요

**기쁨**의 그날 위해 함께할 **친구**들이 있잖아요

**혼자**라고 느껴 질 때면 주위를 둘러보세요

이렇게 많은 이들 모두가 **나의 친구**랍니다

우리 가는 길이 결코 쉽진 않을 거예요

때로는 모진 시련에 좌절도 하겠지만

우리의 친구들과 함께라면 **두렵지** 않아

우리 모두 함께 손을 잡고 원! **투!**

# 원 투! 쓰리 포!

# 친구 되는 멋진 방법

첫 번째로 인사하기 친구 얘기 들어 주긴 두 번째

세 번째엔 진심으로 맞장구치기 **그래**그래

그다음에 시작하는 나의 이야기는 네 번째

하고픈 말 빨리하고 싶지만 조금만 기다려요

**하하**하하 눈빛 웃음 주고 **그래**그래 마음 깊이 이해하고

**맞아**맞아 진심으로 나누다 보면

정말정말 내 친구가 된 것 같은 느낌이 가득

친구가 되는 제일 멋진 방법은 **마음**으로 들어 주기

**랄**랄랄라 한 걸음 **랄**랄랄라 두 걸음

**마음**으로 **들어 주기**가 제일이에요

# 한국을 빛낸 100명의 위인들

아름다운 이 땅에 금수강산에 **단군 할아버지**가 터 잡으시고
홍익인간 뜻으로 나라 세우니 대대손손 훌륭한 인물도 많아
고구려 세운 **동명왕** 백제 **온조왕** 알에서 나온 **혁거세**
만주 벌판 달려라 **광개토 대왕** 신라 장군 **이사부**
**백결 선생** 떡방아 삼천 궁녀 **의자왕**
황산벌의 **계백** 맞서 싸운 **관창** 역사는 흐른다

말 목 자른 **김유신** 통일 **문무왕** 원효 대사 해골 물 **혜초** 천축국
바다의 왕자 **장보고** 발해 **대조영** 귀주 대첩 **강감찬 서희** 거란족
무단 정치 **정중부** 화포 **최무선** 죽림칠현 김부식
**지눌 국사** 조계종 **의천** 천태종 대마도 정벌 **이종무**
일편단심 **정몽주** 목화씨는 **문익점**
해동공자 **최충** 삼국유사 **일연** 역사는 흐른다

황금을 보기를 돌같이 하라 **최영 장군**의 말씀 받들자
**황희 정승 맹사성** 과학 **장영실** 신숙주와 한명회
역사는 안다

십만 양병 **이율곡** 주리 **이퇴계 신사임당** 오죽헌
잘 싸운다 **곽재우 조헌 김시민** 나라 구한 **이순신**
**태정태세문단세 사육신과 생육신**
몸 바쳐서 **논개** 행주치마 **권율** 역사는 흐른다

번쩍번쩍 **홍길동** 의적 **임꺽정** 대쪽 같은 **삼학사** 어사 **박문수**
삼 년 공부 **한석봉 단원** 풍속도 방랑 시인 **김삿갓** 지도 **김정호**
**영조 대왕** 신문고 **정조** 규장각 목민심서 **정약용**
녹두 장군 **전봉준** 순교 **김대건** 서화가무 **황진이**
못 살겠다 **홍경래** 삼일천하 **김옥균**
**안중근**은 애국 **이완용**은 매국 역사는 흐른다

별 헤는 밤 **윤동주** 종두 **지석영** 삼십삼 인 **손병희**
만세 만세 **유관순** 도산 **안창호** 어린이날 **방정환**
**이수일**과 **심순애** 장군의 아들 **김두한** 날자꾸나 **이상**
황소 그림 **중섭** 역사는 흐른다 **역사는 흐른다**
**역사는 흐른다**

# 독도는 우리 땅

울릉도 동남쪽 뱃길 따라 이백 리
외로운 **섬** 하나 새들의 고향
그 누가 아무리 자기네 땅이라고 우겨도

## 독도는 우리 땅
## 우리 땅!

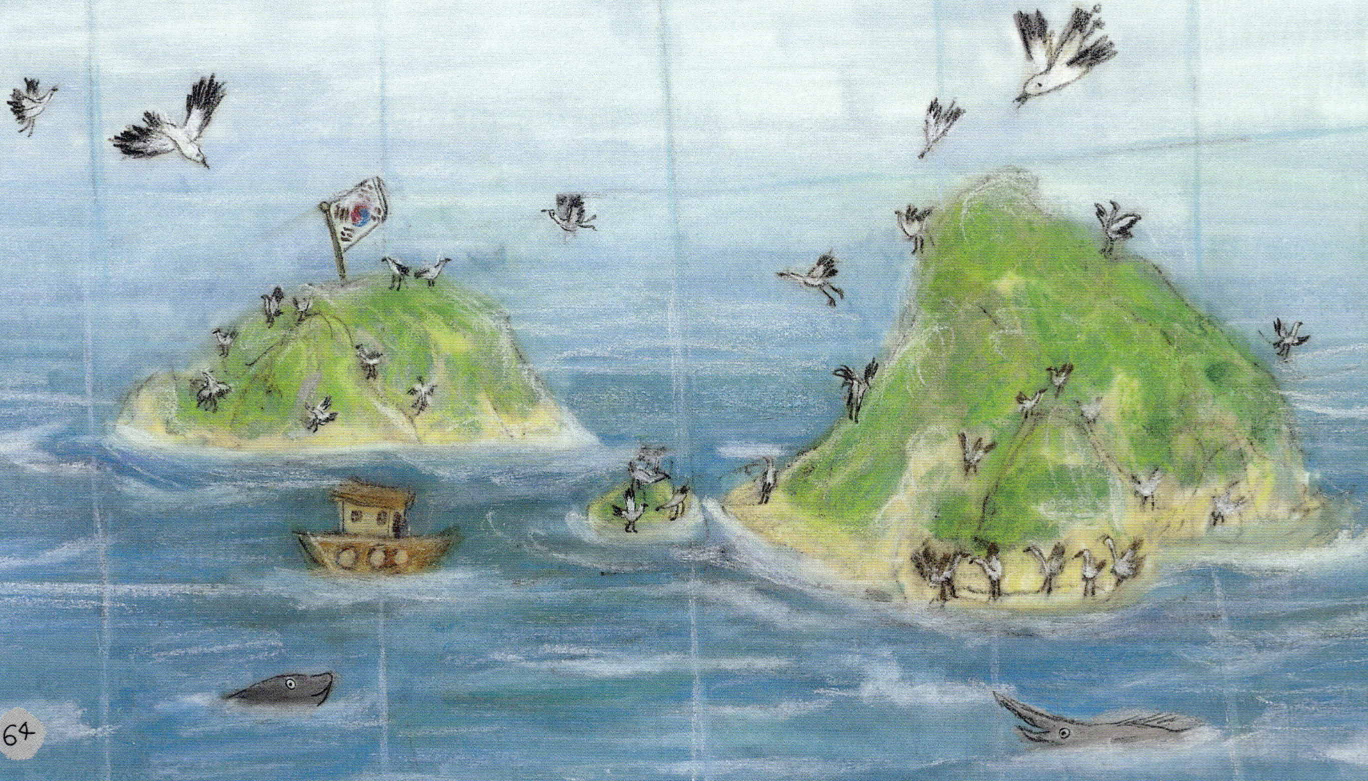

아름다운 세상

문득 외롭다 느낄 땐 하늘을 봐요
같은 태양 아래 있어요 우린 하나예요
마주치는 눈빛으로 만들어 가요
나지막이 함께 불러요 사랑의 노래를
작은 가슴 가슴마다 고운 사랑 모아
우리 함께 만들어 봐요 아름다운 세상
라라라라라라라라 라라라라라라
라라라라라라라라라라 라라라라라라

# 누리과정이란 무엇일까요?

'누리'는 '세상'을 뜻하는 순 우리말입니다. 누리과정은 기존에 분리되어 있던 〈유치원 교육과정〉과
〈어린이집 표준보육과정〉을 통합하여 유치원과 어린이집 구분 없이 모두 평등한 교육을 받을 수 있게 만든
교육과정입니다. 누리과정은 만 3·4·5세를 위한 교육과정이며 다음과 같이 5가지 영역으로 구성되어 있습니다.

## 신체운동·건강 영역
즐거운 신체 활동과 함께 유아기에 필요한 기본 운동 능력을 기르고, 건강하고 안전한 생활 습관을 길러요!

| 신체 인식하기 | 신체 조절과 기본 운동하기 | 신체 활동에 참여하기 | 건강하게 생활하기 | 안전하게 생활하기 |

## 의사소통 영역
일상생활에 필요한 의사소통 능력과 바른 언어 사용 습관을 길러요!

| 듣기 | 말하기 | 읽기 | 쓰기 |

## 사회관계 영역
자신을 존중하고, 다른 사람과 더불어 살아가는 능력과 태도를 길러요!

| 나를 알고 존중하기 | 나와 다른 사람의 감정을 알고 조절하기 | 가족을 소중히 여기기 | 다른 사람과 더불어 생활하기 | 사회에 관심 갖기 |

## 예술경험 영역
주변 환경에서 아름다움을 느끼고, 예술경험을 즐기며 창의적인 표현을 길러요!

| 아름다움 찾아보기 | 예술적 표현하기 | 예술 감상하기 |

## 자연탐구 영역
주변 환경에 대해 호기심을 가지고 탐구하며, 수학적·과학적으로 생각하는 능력과 태도를 길러요!

| 탐구하는 태도 기르기 | 수학적 탐구하기 | 과학적 탐구하기 |

# 누리과정과 동요

동요는 **신체운동·건강, 의사소통, 사회관계, 예술경험, 자연탐구** 등 누리과정의 다섯 가지 영역에서 다양하게 활용할 수 있습니다. 실제로 유치원과 어린이집에서는 누리과정을 반영한 생활 주제에 따라 매주 1~2곡의 동요를 가르치고 있습니다. 노래를 통한 학습이 생활 주제에 대한 이해력을 높이고, 유치원과 어린이집에서 더욱 즐거운 시간을 보내는 데 도움을 주기 때문입니다.
3–5세 누리과정의 **의사소통 영역**에는 공통적으로 '동요, 동시, 동화를 듣고 이해하기'라는 내용이 있습니다. 아이들이 동요를 통해 듣기, 말하기, 읽기, 쓰기 등 의사소통 영역을 골고루 학습할 수 있기 때문입니다. 또한 동요를 통한 율동으로 **신체를 발달**시키며, 또래 친구와 함께 노래를 부르며 **사회성**을 기를 수 있습니다. 아름다운 음률과 가사를 통해 **예술경험**도 기를 수 있지요. 우리 동요는 특히 '자연'과 관련된 주제가 많습니다. 아이들은 자연 주제 노래를 부르며 **자연**에 **호기심**을 갖고 **탐구**할 수 있습니다. 이밖에도 아이들은 또래의 생각과 느낌을 담은 동요를 부르며 자신의 **감정과 느낌**을 **표현**하고 **긍정적인 에너지**를 얻게 됩니다. **동요**는 누리과정의 다섯 가지 영역을 골고루 담은 **가장 좋은 유치원 선생님**입니다.